JN000535

まえがき

学校では、作文の時間がたくさんあります。

ほとんどの子どもは、作文を苦手としています。なぜ、苦手なのでしょうか。

もっと生き生きと書かせるには、どうしたらよいか、考えていきましょう。


作文が好きな子ども（小学生）は、どのくらいの割合がいるでしょう。

① クラスの半分
② クラスの三分の一
③ クラスの五分の一

答えは、「③　クラスの五分の一」です。

三十五人のクラスで、六、七人しかいません。クラスや学校によって、いくらかの違いはありますが、六学年五十学級を調査しての結果です。

国語は、授業数が一番多いのですが、国語の時間の四分の一が作文の時間なのです。と

ころが、「作文が好き」という子が少ないのです。

教室で行われている作文指導は、泳げない子に泳ぎを教えず、いきなりプールのまん中に連れて行き、「さあ、泳いでごらん。」と言っているようなものです。

泳ぎを知らない子は、プールの真ん中で立ち尽くし、泳ぐことに拒否反応を示してしまうことでしょう。作文も、書き方を知らなくては、原稿用紙の前で、鉛筆を持ったまま、思案にくれてしまいます。

作文を書くには、コツがあるのです。

このコツを知ると、学校でよい評価を受けるだけではありません。書きたいことが、自分らしく表現できるようになり、手紙や交換日記、ノートづくりなど生活が豊かになります。

この本は、主として小学生をもつ親のみなさんのために書かれています。

内容的には、ビジネスマンの方々の「書く能力」のアップにも役立つことと思います。

親子ともども、参考にしていただければ幸いです。

向山洋一

親子と教師のための作文教室

学校で書く作文はこれでバッチリ！

目　次

文章上達には方法がある

「作文」には、的確な指導法がないといわれてきました。先生は「思った通り自由に書きなさい。」といいます。

こうした教え方では、子どもたちは、苦しむだけです。でも本当は、作文にもコツがあるのです。

作文教育で、名文を書くためには、「いっぱい書いて」「いっぱい批評される」こと、また、プロが書いた名文を写す方法がいいといわれてきました。これが、古来の文章上達法です。

学校で、単に「思った通り書きなさい。」というのは、文章上達法からいうと、ずいぶんと無責任な指導法です。

まず、「書きやすいテーマ」をあたえることも大切です。また、「ウソの作文を書いてみよう。」も一つの方法ですし、「算数授業の作文」というような、知的な思考を表現する方法もあるのです。

1 学校で書く行事作文のコツ

学校では、行事が終わると、必ずといっていいほど作文を書かせます。「行事作文」という言葉があるほどです。

運動会、遠足、社会科見学と、行事のたびに作文を書きます。読者のみなさんも経験したことでしょう。学芸会、スポーツ大会…、まだまだあります。

子どもたちの中には、遠足に出かける日に、「先生、帰ってきたら、また作文を書くのですか。」と、たずねる子さえいます。小学校の六年間、毎年くり返される学習です。

この行事作文は、子どもたちにとって、かなり重要なことなのです。上手にかけるようになれば、学校生活がずいぶん楽しくなります。

実は、行事作文を上手に書くコツがあります。とっても簡単なことです。作文が見違えるようになります。ぜひ、子どもにも教えてください。

学校でよくおこなわれる行事を例にとって、書き方のコツを習得していきましょう。子どもたちにアドバイスできる作文のコツを、ぜひ身につけてください。

運動会の作文は、クライマックスから書き出す

よい作文を書くコツは、書き出しにあります。書き出しさえ、見れば、「作文力」がわかります。

問題 1 （先生になったつもりで答えてください。）

次の作文の書き出しに、十点満点で点数をつけてください。

① 六月十日は、私が、とても楽しみにしていた運動会でした。晴れ渡った空にぼくたちが作った旗がきれいに張られました。

② 朝、まどを開けると、真っ青な空が広がっています。台所に行くと、母の作ったお弁当が置いてあります。

③ ぼくは、スタートラインに立った。目の前には真っ直ぐ白線が伸びている。次は、ぼくの番だ。

解答・解説

答え

①　五点
②　七点
③　九点

向山先生の採点は、右記の通りです。

点数はともかく、一番上手な書き出しを、どれにしたかがたいせつです。①のように、日時で書き出す子どもがたくさんいます。日本中ほとんどがこのタイプで、朝起きた時のことから、メンメンと連なります。メリハリがなく、よい作文とはいえません。中には、「朝、顔を洗って、ご飯を食べて、元気よく出かけました。朝ご飯は、三杯……」と、運動会の日、学校に行くまでのことを、くわしくていねいに書く子もいます。そうした作文に限って、運動会の一番書きたかったところがはっきりしない、つまらない作文になってしまうのです。

②も同様です。日頃の挨拶のように、天気のことから書き出しています。日時と並んで多い書き出しが天気のことです。運動会と天気は、かなり深い関係があり、書きたい内容とかさなる場合もありますが、やはり、日時と同様にインパクトのないおもしろみの少ない書き出しです。メリハリのない文がずっと続きます。

ある六年生に運動会の作文を書かせたところ、クラスの七五パーセント以上の子どもが、日時や天気のことから書き出していました。作文を熱心に指導しているクラスでも、この結果です。

「先生、運動会は何月何日にありましたか。」

と、先生に質問に来る子が多くいたそうです。日時や天気の書き出しは、個性のない、決まりきったつまらない書き出しといえそうです。

それと比較して、問題1の③は、自分の出場種目の場面から書き出しています。読み手は、作者がどうなったか、その先が読みたくなります。

このような書き出しは、読み手をひきつける上手な書き出しです。

作文は書き出しで決まるのです。

問題2（小学生になったつもりで答えてください）

なぜ、問題1の③の書き出しがよいのでしょう。

① 書き出しに緊張感があるから
② クライマックスから書き出しているから
③ 自分のことを書いているから

解答・解説

答え

② クライマックスから書き出しているから

どれも正解といえますが、問題1の③は、特に、運動会のクライマックスから書き出しているからよいのです。

それは、クライマックスは、その子にとってもっとも重要な場面であり、もっとも伝えたいことだからです。次に続く文も、緊張感のある文が続くことになります。「どうでもいい文」を書かなくなるのです。

テレビドラマでも、「殺人場面」からはじまると、全体がピーンとして緊張感を出す効果がありますが、それと同じようなことです。

問題**1**の①や②のように、特徴や個性のない書き出しに比べ、③は作者と運動会のかかわりが大変はっきりしています。

運動会に限らず、どの行事作文も、一番心に残ったクライマックス場面から書き出すことが大切です。

書き出し二行で、文の善し悪しの半分が決まります。

子どもの時の運動会を思い出してください。綱引きもあれば、かけっこもありました。騎馬戦もあれば、ダンスもありました。開会式、閉会式の長い退屈な時間もありました。もろもろのことを思い出して…。

では、次の問題にチャレンジしてみましょう。

問題 3 （子どもの時の運動会を思い出して答えてください）

運動会の作文の書き出しを、八十字程度で書いてみましょう。

解答・解説

自分の作品と子どもたちの作品を比べてみてください。

①
心臓の音が大きくなる。わたしは、スタートラインに立った。練習の時には、なんともなかった友達が、速そうに感じる。

②
ぼくは、今、組み体操をしている。友達の足が肩に食いこむ。つなぎあった手に力が入る。
「成功させるぞ。」

③
後ろの走者から力強くバトンを渡された。そう、わたしはリレーのアンカーなのだ。わたしの目の前には、大きな柳沢さんが走っていく。

Check！

子どもたちより上手な書き出しができた人は、○を、下手だと思う人は×を、左の欄に書きましょう。

ポイント　遠足の作文は、場面を切り取って書き出す

遠足、どの人にとっても、なつかしい思い出です。
広い野原、楽しい遊具。友達と思いきり楽しんだ一時。
でも、次の日、必ず書かされたのが、「遠足の作文」。
「作文さえなければ、遠足は最高だ。」と思った人も多いでしょう。
遠足では、楽しい場面の写真を一枚撮ることが、作文を書くコツです。

問題 4（遠足に行ったつもりで答えてください。）

遠足で一枚だけ写真を撮るとしたら、どちらの写真を撮りますか。

①　お弁当を食べているところ
②　山登りで苦しいところ

解答・解説

運動会はクライマックスから書き出すのがコツでした。

遠足の作文は、書く場面の写真を撮るつもりで書き出す練習をしてみましょう。

いろいろなパターンを知り、活用すれば、書く作文に深みが増します。

人によって、時によって、場面の切りとりは違ってきます。

それぞれの場合の書き出し方を考えてみましょう。

①「お弁当を食べているところ」を選んだ場合

ズーム写真を撮るように、書きたい場面にずっと近づきましょう。お弁当箱でも友達の顔でもよいのです。写真についてくわしく説明するつもりで書き出してみてください。

次の二つの書き出しから選んで、続きを書いてみましょう。

♥ お弁当を開けると…

♣ さっきまで元気がなかった友達が…

子どもたちの作品と比べてみましょう。

♥　お弁当を開けると真っ黒だった。ぼくの大好きなのり弁が、どかーんと入っていた。二段の弁当箱のもう一段を、わくわくしながら…

♣　さっきまで元気がなかった友達が、急に元気になった。それは、先生が、「さあ、お弁当の時間だぞ。」…

②　**山登りで苦しいところ**を選んだ場合

疲れきった足や友達の顔、思いリュックなどにできるだけ近づいてみましょう。そして、近づいたモノの写真をくわしく説明するつもりで、書き出せばよいのです。

次の作文のどれかを選んで、続きを書いてみましょう。

♥　足が重い、働けないほど、疲れているのに

♣　だれも声を出さない。…

◆大きなリュックが目の前でゆっくりゆれる。…

子どもたちの作品と自分の作品とを、比べてみてください。

♥足が重い。動けないほど疲れているのに、足は勝手に動く。（足が棒になるとはこのことか。）声にならない声をあげる。

♣だれも声を出さない。いや、出ないらしい。
「あっ、リスだ。」
静かだった山道に、友達の声が大きく響いた。

◆大きなリュックが目の前でゆっくりゆれる。階段を見上げると、ずっと上まで、リュックが続いている。

Check！

子どもたちより上手な書き出しができた人は○を、下手だと思う人は×を、左の欄に書きましょう。

ポイント　社会科見学の作文は、描写で書く

多くの小学校は、春には遠足に行き、秋には社会科見学と、お決まりのコースで行事がくり返されます。そのたびに、つきものの作文です。作文がきらいな子には、たまったものではありませんが、これも人生。とりあえず、即効できらいでなくなる方法を教えます。

遠足と社会科見学は違います。遠足は「行事」ですが、社会科見学は「授業」です。目的を持って見に行くので、見たり聞いたりしたことが具体的で、説明や描写がしやすいのです。

問題 5（先生になったつもりで答えてください）

寄せ木細工の仕事を見学しました。どちらが上手な作文でしょう。

① おじいさんは、忙しそうに働いていた。
② おじいさんの手は、休むことなく動き続ける。

解答・解説

答え

②　おじいさんの手は、休むことなく動き続ける。

遠足のお弁当を説明する時と似ています。ある部分に、ぐっと近づいて書くと、おじいさんの忙しそうに働く姿を「忙しい」という言葉を使わずに書くことができます。ビデオカメラをまわしているように、レンズを近づけ、クローズアップさせたほうが、訴える力が強いのです。

「見たこと」を、知らない人に説明するように書けば、よい社会科見学の作文になります。

作文を書くコツの一つは、解説ではなく、描写を書くことです。そうすることによって、説得力のある作文になります。

幼児の作文は、「お花が、咲いています。」とは書きません。

「赤いチューリップ、白いチューリップ、黄色のチューリップが、たくさん、たくさん笑っています。」と、描写が極めて具体的です。

朝日幼児作文コンクールは、毎年十万点もの応募がありますが、このようなすばらしい作文が並んでいます。

社会科見学の作文は、この幼児の技法を素直にとり入れてみるとよいでしょう。

飛行場に社会科見学に行く学校があります。

問題 6（小学生になったつもりで答えてください。）

飛行場に社会科見学に行ったつもりで、作文の書き出しを書きましょう。

★ステップアップ情報★

子どもたちの社会科見学の作文を少し紹介します。

● おじいさんは、座布団に座り、自分の手を見ている。まわりは、赤、黄、茶、緑、少しずつ色の違う木の板が、並んでいる。おじいさんの手の中の木の板は、組み合わされ、美しい寄せ木の模様が、出来上がっていく。（題「寄せ木細工」）

● 軍手をし、ヘルメットをかぶり、ぼくたちは、鉄の階段をのぼっていった。
「ゴーッ。ザーッ。」
大きな音が聞こえ、熱い空気が、ぼくたちめがけて走ってきた。
（題「製鉄所」）

解答・解説

できていることに○をつけましょう。

（　）飛行場に関する文が書けている。

（　）描写ができている。

（　）現在進行形で書けている。

（　）クローズアップができている。

「現在進行形で書けている。」は、できていなくともかまいませんが、臨場感を出すのに、効果があります。

この四つの項目について、ほとんどの学校は特別に指導していませんが、勢いのある作文は、こうした書き方になっていることがよくあります。

子どもの作文を紹介します。

●「広い。」

コンクリートの滑走路が、ずっと遠くまで、続いている。白い洋服のお兄さんが、トラクターのようなものに乗って飛行機に向かって行った。大きな飛行機と、小さな人、広い飛行場の中でゆっくり動いている。

●飛行機がゆっくり動きだし、方向を変えた。網に顔をくっつけて、よく見ると、小さな窓に、人がいるのがわかる。ぼくたちは、飛行機に向かって手をふった。白い滑走路の先に、飛行機が飛び立とうとしている。「ふわっ」と浮くとすぐ小さくなり、点になって、見えなくなった。

ポイント　授業参観の作文は、視点を変えて書く

作文に限らず、「視点」を変えると、思わぬことが見えたり、わかったりすることがあります。この「視点」は、テレビでいうカメラアイのことで、作文を書くコツに深くかかわっています。

小学校や中学校で「視点」を教えてくれる先生がいたら、とてもすばらしいこと、ラッキーなことです。大切なことなのに、ほとんど教えられていないのが実情です。

問題 7（授業参観のことを思い出して答えてください）

多くの子どもは、授業参観を楽しみにしているでしょうか。どれかに○をつけましょう。

① 楽しみにしている。
② 嫌だ。
③ どちらでもない。

解答・解説

答え

① 楽しみしている。（小さい子の場合）
② 嫌だ。（大きい子の場合）

高学年の多くの子は「嫌だ」と思っています。「『授業参観では行儀良くする』これ、子どもの常識。」と名言を残した子もいます。

子どもたちが、自分の立場で書いた授業参観の作文を紹介します。

●お母さんはまだ来ない。「この問題、わかる人。」手をあげたらあたった。答えをいったら、「よくできたね。」とほめられた。しばらくして、お母さんが来た。「次の問題できる人。」手をあげてもあたらなかった。次の問題も、次の問題もあたらなかった。お母さんが来てから、一度もあたらなかった。（六年）

●まだかな。まだかな。私は、チラチラ後ろを見る。もう、後ろには、たくさんのお母さんが来ているのに、私のお母さんは、まだ来ない。（三年）

「視点」というのは、ビデオカメラで考えるとわかりやすいです。ビデオカメラは、いろいろなところに移動します。授業参観の作文を書く時も、「子どもの立場」「親の立場」で内容が違ってきます。「先生の立場」という視点もあるでしょう。

時には、立場（視点）を移動させることも大切です。

「視点」を意識することは、文を書く上でとっても大切なことなのです。

問題 8 （授業を参観している親になって答えてください）

授業参観の時に、次の三つについて、思ったことのあることに○をつけましょう。

① うちの子ったら、ぜんぜん、手をあげないわ。
② うちの子に発言させてほしい。
③ 先生、おしゃれしてるわ。

解答・解説

答え

○がついていればよい。

たぶん、授業参観に行ったことがある親であれば、いずれかに○がつくのではないでしょうか。授業参観の親というものは、問題8の①、②、③のようなことを考えるものです。

子どもは、親の気持ちがよくわかるようです。「親の心、子は知っている」ということです。子どもたちに、親になったつもりで、自分の授業参観を書かせると、おもしろいだけでなく、自分をしっかり見つめた作文が書けることが多くあります。

子どもたちは、「変身」を好みます。なりきり作文が上手です。

● 少し、遅れてしまったけれど、靖は、がんばっているかしら。

あっ、いたいた。何しているのかしら、下ばかり見て。まだ、教科書さがしているわ。

やっと、机の上に全部そろったらしいわ。帰ったら、

「机の中、きちんとしなさい。」

って、言わなくっちゃ。

（五年男子）

● 教室の後ろのドアから、そっとのぞくと、たくさん手をあげている子どもたちの中で、ポツンと手をあげていない子が一人いた。

（うちの子だ！）

　私は、はずかしいやら何やらで、わが子に突進した。近くまで行き、後ろから答えをささやいた。静まりかえった教室に、私の声が、ひびきわたった。

（まずい。なぜこんなにタイミングよく静かになるんだ。）

（六年女子）

● 恵子だけ、手をあげたわ。間違わなければいいけど。あの子、案外積極的だわ。

　お父さんに似たのかしら。家に帰って、お父さんに報告すれば、きっと喜ぶでしょう。

　あら、間違えたわ。そういうところは、私に似ているようね。

（六年女子）

2

宿題の日記もこれでバッチリ

宿題や自由学習などで、日記を書くよう指導している先生はたくさんいます。

班日記やグループ日記などのように、お互いの日記を読みあい、順番に書くこともあります。

日記を書くのが好きな子は、そうしたことをきっかけにぐんと力をつける場合があります。

たくさん書くことが作文上達の道だと、昔からいわれてきました。それが間違っているというのではありませんが、優秀な教師は、書かせる中で、作文上達の技術を獲得する方法をしっかり組み込んでいます。

日記の場合、手がつけられないほど、同じような文面が毎日並びがちです。

題材の選び方、場面の切りとり方一つで楽しく、続けて日記を書くことができるのです。

ここでは、日記を楽しく、続けて書くためのコツを示していきます。

題材を見つけ、テーマ日記に挑戦する

一週間、同じテーマで日記を書き続けてみましょう。テーマになるものは、たくさんあります。「朝ご飯」「お母さん」「お父さん」「友達」「遊んだこと」など。動いたり、変化したりするものを見つけることが大切です。テーマを決め、それについて、一週間、観察の目を光らせればよいのです。

問題 9 （先生になったつもりで答えてください）

このニつは、飼っている動物の日記です。上手なほうに○をつけましょう。また、それはなぜですか。

①　うちのポチは、いつ、だれが来ても、知らん顔だ。

②　学校から帰ったぼくを、ポチは首を持ち上げただけで、つまらなそうに見た。

解答・解説

答え

② 学校から帰ったぼくを、ポチは首を持ち上げただけで、つまらなそうに見た。

（理由） 何時、だれかを限定して書いているから。

何時、だれかを限定して書く

毎日、何気なく見ているものでも、日記の対象とすれば、かなりその気で観察できるものです。「知らん顔」の愛想のないポチのようすを「首を持ち上げただけで、つまらなそうに見た。」と書けば、ポチの姿が目に浮かんできます。

何時、だれかを限定して書かれているかが、ポイントなのです。

【月曜日】

学校から帰ったぼくを、ポチは首を持ち上げただけで、つまらなそうに見た。それでも、「お帰り」とでもいうようにしっぽだけはふってくれた。

おやつの後、ビスケットを持って、ポチのところに行った。今度は、立って、しっぽをふる。怒りたいような、ほめてやりたいような、不思議な気持ちがした。

【火曜日】

ポチの全身は、うす茶色で、足の先は白く、白いくつ下をはいたようだ。今日は、雨が降ったので、白いくつ下がドロドロによごれている。

ポチは、雨が全然気にならないようだ。傘をさしたぼくの後をうれしそうについてくる。くつ下についたドロが、いつの間にか、きれいになっている。

玄関の前でとまると、ポチは、ブルブルと体の水を飛ばした。

★ステップアップ情報★

班日記やグループ日記に、家族のことや、夕飯のことを書かれるのは、はっきりいって「ドキッ」ですが、子どもは案外いい面を見つけてくれるものです。

年齢が低いほど、家族との心暖まるやりとりが綴られるケースが多いのです。

家族のテーマについて、向山氏は次のように書いています。

●祖父母

祖父母の作文には、心打たれます。

そこには、祖父母の「やさしさ」祖父母から受けつぐ「伝承文化」「祖父母の病気」「祖父母との別れ」などが書かれているからです。

どれ一つとっても、人間として成長していく

ために、大切なことです。

祖父母を持つ子どもは幸せです。時として「甘え」が出すぎることがありますが、それをはるかに上まわる、すばらしさがあります。

祖父母を大切にし、祖父母とのつながりを大切にしているご家庭から、すばらしい子どもが育ち、それが「作文」にも出てくるのです。

祖父母を作文にとり上げる時は、ぜひこのような家庭生活の一コマに視点をあててほしいと思います。

そして、一つのことにしぼり、書き出しから、ズバリ中心のことに入ってほしいと思います。

●母

母を書く作文にも心打たれます。

子どもはお母さんの元気な姿が好きです。お母さんのやさしさも好きです。

とりわけ好きなのは、お母さんが「チャレンジ」している姿です。

手話に挑戦する、お料理に挑戦する、バレーボールに挑戦する…。そうした母親の姿に子どもは感動し、誇りに思い、それを作文用紙に表現します。

お母さんが挑戦する姿を、ぜひ、子どもに語ってほしいと思います。

お母さんの夢も語ってほしいと思います。

子どもは、母親こそを、世界で一番相性、誇りに思っているのです。

母親の積極的な生き方、そして、豊かな母と子の会話。これこそが、このテーマの作文のポイントです。

心から誇れる母親の姿が、作文に出てくるのです。

●父

正直いって、テーマの中では、父親の影は薄いと思います。

私も父親なので、残念に思いますが、仕方がありません。

それは、「父親の仕事」が、子どもに見えにくいからです。どうしても、家庭でゴロゴロしている父親の姿が目に入りがちなのです。

むろん、「家で仕事をしている父」は別です。

誇らしい父の姿が出てきます。

また、「努力している父」にも子どもは、尊敬の目を向けます。

しかし、こうした父親は少数です。

ですから「スポーツ」「大工仕事」など、父親だからこそできることを、子どもと一緒にすることが大切になります。

すごい父親ということで、尊敬の目を集めます。

もう一つ。父親の姿を、そのまま受けとめて表現することです。

言葉を一つしか発しない「一語パパ」も、そうした作品です。

父親のどの姿を切りとるかによって、作文がガラリと変わってきます。


『心の記念碑』（シングルエイジ研究会）引用

テーマに対し、特に「よいところ」を見つけて書くのが日記のポイントです。
子どもになったつもりで書いてみましょう。

問題 10 （子どもになったつもりで答えてください）

「お父さん」をテーマにして日記を書いてみましょう。

【　　曜日】

お父さんの「よいところ」を
さがして書いてみましょう。

解答・解説

できるだけ、いいところをさがすことができましたか。

「お父さん」をテーマにした、子どもたちのテーマ日記を読んでみましょう。

【火曜日】

朝ごはんを、お父さんといっしょに食べた。

「きょうは、学校でどんなべんきょうをするんだい。」

と聞かれた。ぼくは、いろいろ考えた。それで、毎日やっているかけ算九九のことが頭にうかんだ。

「かけ算九九の七のだん。」

とぼくは答えた。すると、お父さんは、

「もう、七のだんをならっているのか。」

とおどろいたようにいった。ぼくは、うれしかったから、七のだんをいったんだ。いいおわると、お父さんは、

「すごい、はやい、かっこいい。」

って、いってくれた。もっとはやくいえるようになったら、お父さんときょうそうしてみようと思う。

（二年男子の日記）


　次は、女の子の日記です。


【木曜日】

　朝、顔を洗っていると、

「おはよう。」

　父の元気なあいさつが飛んできた。二日酔いではないらしい。

　居間に行くと、新聞を読んでいた父が、

「多恵子、もうすぐ、誕生日だね。」

と、新聞をたたんで話しかけてきた。

（おぼえているんだ。）

　私は、うれしかった。なぜか、ねだろうと思っていたCDの話はできなくなってしまった。


【金曜日】

　お風呂から出ると、背広のままの父が、待っていたように、

「お誕生日、おめでとう。はやいけど…」

といって、紙袋を差し出した。

「明日の誕生日まで、待てないみたいよ。」

母が、横から説明をする。

私はうれしくて、飛びついた。ねだろうと思っていたCDと、図書券まで入っていた。（CDのこと、母から聞いたんだ。）

「明日は、公一も一緒に、本屋に行こう。」

学校から帰ったら、三人で本屋に行くことを約束した。

（五年女子の日記）

★ステップアップ情報★

「お母さん」のテーマ日記

●【月曜日】

母は甘えん坊だ。

「ねえ、ねえ、いっしょに勉強しようよ。」

今日もまた誘われた。いつものように、台所のテーブルで母は、本を読み、近くで、ぼくは、勉強した。

かなりめいわくだけど、たまにはしかたない。

漢字をよく知っているので、辞書がわりに、漢字を二つ聞いたら、

「辞書がわりにしないでよ。」

といわれた。さすが、ぼくを生んだ母だ。

【土曜日】

ともだちが六人来た。母が、

「おやつよ。」

と呼んだ。いつ作ったのか、大きなおこのみ焼きが、テーブルに並んでいる。みんなで食べようとすると、

「ちょっと待った、ここでクイズです。さて、このおこのみ焼きには、なにが入っているでしょう。五個わかったら、『いただきます』です。」

と母のくせがはじまった。なんでもクイズにするんだから。

「おかか」

「たまご」

「しょうが」

「キャベツ」

…「ソース」

「よくできました。はいどうぞ。」

やっと食べはじめた。「ねぎ、桜えび、あげ玉」もはいっていたそうだ。おいしかった。

（四年男子の日記）


例文のように、何でも、日記にできるのです。「勉強をした。」「おやつを食べた。」と書いてしまっては、一言で終わってしまいます。

自分で、後から読み返しても、その場面のようすを思い浮べることもできません。

立ちどまって、あたりを見まわして、耳をすませると、書くことが、だんだん見えてきます。

ほんの数秒の会話でさえ、生きた作文になるのです。

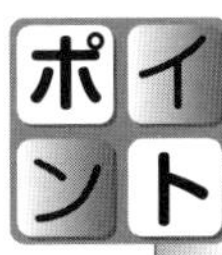

なりきり作文で日記を書く

子どもたちに「なりきり作文」を書かせる時、何になりたいか聞きますと、個性いろいろ、さまざまなものがとびだします。案外おとなしい子が、「ライオン」や「ワシ」を選んだり、気がきくしっかり屋さんが、「ねこになって、一日昼寝」などと答えたりします。

以前、作文コンクールで、なりきり作文の審査をしたことがあります。小学校五・六年生が対象でしたが、題材選びの楽しさを研究したくなりました。

三年生の子どもたちと、遠足で潮干狩りに行きました。

上手にたくさん取れる子もいれば、なかなか見つけられない子もいます。

そこで、貝から見たら、子どもたちはどのように見えるのかしらと思い、遠足の行事作文を「なりきり作文」で書くことにしました。

問題 11（なりきって答えてください）

潮干狩りの砂浜にいる貝になりきり作文を書いてみましょう。何がみえますか。三つ以上かきましょう。

解答・解説

・子どもたち　・先生　・くま手　・バケツ　・波　・砂・貝の友だち

なりきることができると、たくさんのものが見えてきます。三年生の子どもたちは、貝になりきることがとても楽しかったようで、いつもの作文より、楽しんで書いていました。貝にとって、自分たちがどれほど大きく感じるかも考えたようです。視点の転換の学習にもなります。

●　さわがしいと思ったら、また今日も、子どもたちがたくさん来ている。赤と白のしまのシャツを着ている子が、こっちに近づいてきた。あんな大きなくま手を持っている。ほかの子よりずいぶん大きいぞ。あれでさがされたら、かなりあぶないよ。あっ、こっちからも女の子が近づいてきた。もう少しもぐってようすを見よう。あっ、昨日までなかよくしていたあさちゃんが、みつかっちゃった。こっちへ来るな、こっちへ来るな。ぼくは、つかまらないよ。もぐるのがじょうずだからね。おっと、くま手があとすこしのところまできた。セーフ。あれは、先生のようだな。あの先生は、子どもたちより、ずっといっしょうけんめい取っているよ。はやくふえをふいて、集合しないかな。にげるのもつかれるよ。

「ピー、ピー、ピー」

今日も、見つからなくてよかった。

（三年男子のなりきり作文）

なりきり作文を書くには、どんな「なりきり」テーマがあるか、考えてみましょう。

動物、植物、虫、鳥、魚、玩具、家具、文房具、電気製品、衣類、窓、乗りもの、食べもの、天体（風、雲、雨）など、いくらでもあげられます。

人間でなくてもいいのです。広くまわりを見渡してみましょう。

問題 12 （まわりを見渡して答えてください）

次の作文は、何になりきって書いているでしょう。

①　長い間使われなかった私が、「寒くなったから、つけようか。」という声で、物置から出されたのは、十二月上旬の頃だった。

②　もうすぐ夜があける。ねむりから覚めたばかりで、まだ、ウトウトしているのが、自分でもよくわかる。

どちらも子どもの作品です。①は家電製品、②は自然界のものです。

解答・解説

答え

①ストーブ
②太陽

作文の続きを紹介します。

長い間使われなかった私が、

●ストーブ

「寒くなったから、つけようか。」

という声で、物置から出されたのは、十二月上旬の頃だった。

いつの間にか、私の上にはほこりが積もっていた。それをお母さんが、きれいにふいてくれて、さあ、働くぞ！……でも、私は故障していた。

「あらっ、つかないわ。」

さっそく、お母さんは、私を電気屋さんに持って行った。

●太陽

もうすぐ夜があける。ねむりから覚めたばかりで、まだ、ウトウトしているのが、自分でもよくわかる。月が、「さよなら」としずんでいく。

ようやく、はっきりと目が覚めた。海がきれいだと思いながら、私はのぼる。

「コケコッコー。」

ニワトリの声が聞こえる。遠くの窓から、いつもの子がのぞいている。その子が、私を指して、さけんだ。

「太陽だ。」

なりきり作文の書き出しをいくつか紹介します。□の中は、その作文の「なりきったもの」です。手で□をかくして、何になりきったか考えてみましょう。

夜になり、人間が寝静まったころ、私は、木の上に登り、甘くおいしいみつをいただく。

カブト虫

今、私は、めったに人が通らない山奥で、たくさんの友達と立っている。

林

ぼくは、今、気持ちよく青空を飛んでいる。健ちゃんのふったバットに、ぼくは、見事、命中したからだ。

野球のボール

教科書やノートたちとおしゃべりしながら、机の中で待っている。

筆箱

私は今、動物園にいる。昔は、草原で、のびのびくらせたのに。黒と白のぼくは、動物園ではかなりの人気者だ。

パンダ

3

学校の授業で書く表現作文のコツ

最近の授業では、新聞作りがブームになっています。

子どもたちが作った新聞を見たことがありますか。

新聞を作ることは、「学習のまとめ」にもなり、自分なりの理解、自分の意見の発表でもあります。また、自分を表現する学習にもなるのです。

新聞作りの学習要素

① たくさんの情報の中から必要なものを選ぶ。
② 記事の配置・レイアウトをする。
③ タイトル・小見出しをつける。
④ 伝えたいことを短い言葉で作文にする。
⑤ 記事に関係する絵や図を描く。
⑥ 読み手を意識した内容・表現を考える。

新聞作りには、いろいろな学習の要素が含まれています。

子どもたちの作った新聞を紹介しながら、新聞記事を書く時の作文のコツについて示していきます。

ポイント　学級新聞は、知的な情報を入れてかく

学級新聞は、学級のさまざまな出来事、調査、行事の報告などが多く書かれています。

内容は、どんなものを取材してもよいのですが、たった一つの条件は、情報があるということです。

「へえー、そうなのか。」

「なるほど。」

と、読み手をうならせる出来事や報告をさがしてほしいものです。

学校の飼育小屋からの楽しく驚くニュースが報じられました。「たまごは立つのだ！」のタイトルは、とても臨場感があり、場面が想像できます。

十月二十六日

たまごは立つのだ！

美佳さんが、学校のにわとりのたまごを、教室に持ってきて、自分の机の上で立たせた！立たせられるまで、三、四分かかった。見た人はびっくりぎょうてん。やった人はうれしそうだった。

十月二十六日

本に夢中

この頃、名作を読むことがはやっています。先生からの紹介は、二十四の瞳、秘密の花園、坊ちゃん、風の又三郎、宝島、名犬ラッシー、小公子、小公女、杜子春などです。

十一月一日

たまごは立つのだ！その2

給食の時間、ゆでたまごが出た。それを見ると、みんな立たせようと必死になった。できずに、底をつぶして立たせる人もいた。この話を二年生にしたら、にわとり小屋の前で、にわとりがたまごを産むのをじっと待っているのだった。

昔から「立春にはたまごが立つ」と伝えられており、実は、たまごはいつでも立つと科学者が説明していました。

左上の記事は、先生に図書の紹介を受けての呼びかけです。小学校六年生の学級ですが、クラスの知的雰囲気があふれています。こんなクラスに自分の子どもがいたらうれしいですね。

社会科新聞は、学習のまとめを個性的にかく

社会科新聞は、公園、工場、郵便局などに社会科見学に行ったり、授業で一つの単元が終わった時に、学習をまとめさせるために書きます。

クラス全員同じ学習をしての新聞ですが、一人一人ずいぶん違うものです。

①　学習した内容から何を選び出すかが決め手になります。

②　教科書や資料を上手に使うことも、情報を正しく伝えるために大切です。

③　掲示用の新聞は、文字をはっきり大きめに書くことが大切です。カラーペンなどできれいに書きます。

④　印刷の新聞原稿は、同じ濃さで濃いめに書きます。

⑤　文字だけでなく、絵や図、イラストなどを工夫しましょう。

それでは、実際に子どもたちが作った「江戸時代」の学習に関する社会科新聞を見てみましょう。

社会科新聞

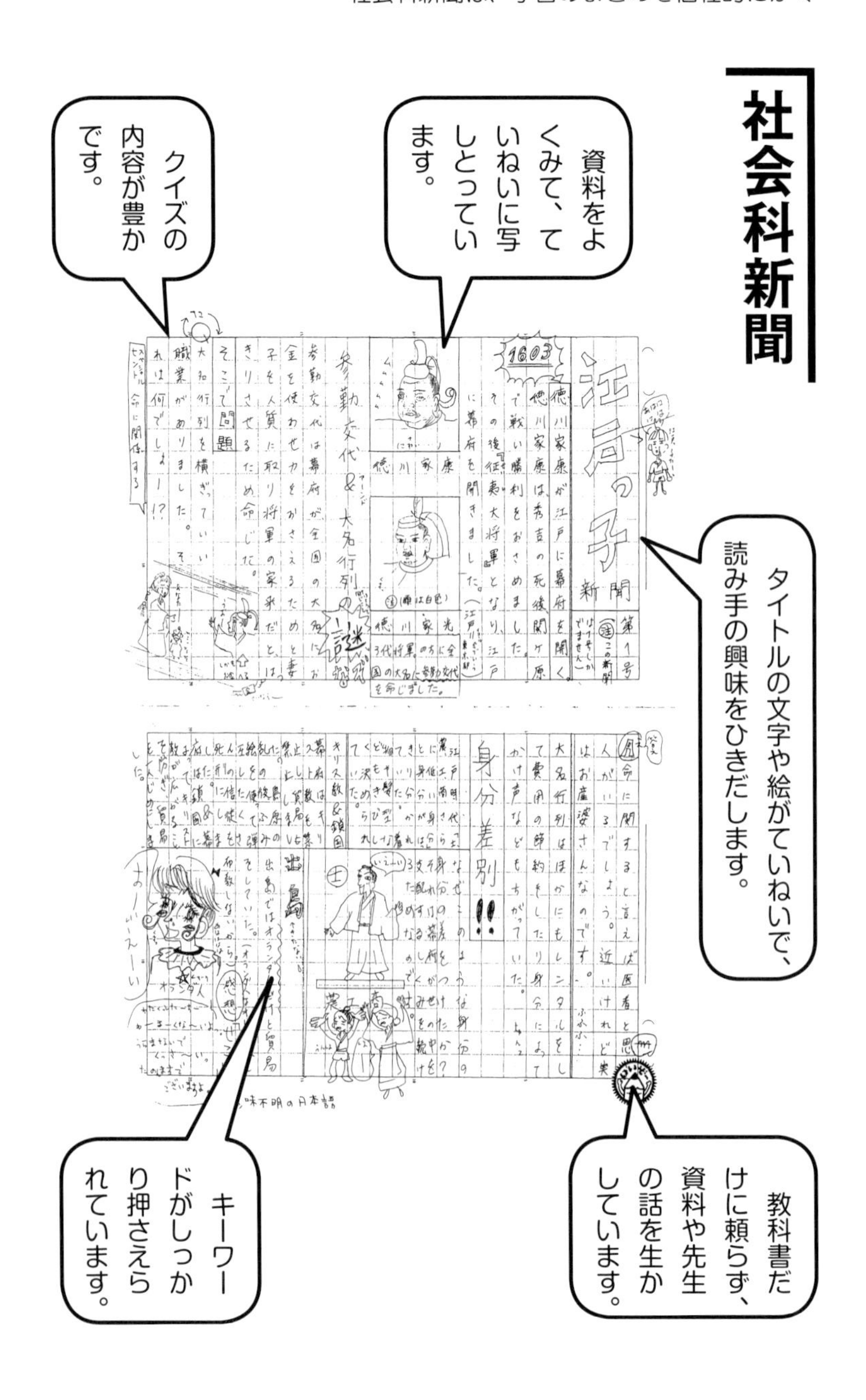
タイトルの文字や絵がていねいで、読み手の興味をひきだします。
資料をよくみて、ていねいに写しとっています。
クイズの内容が豊かです。
教科書だけに頼らず、資料や先生の話を生かしています。
キーワードがしっかり押さえられています。
江戸っ子新聞
第1号
1603
徳川家康
徳川家光
参勤交代&大名行列の謎
そこで問題
身分差別!!
キリスト教&鎖国
出島

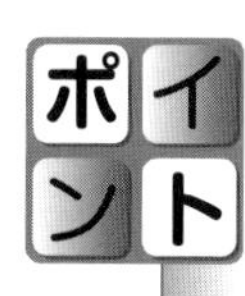

理科新聞は、興味のあることをかく

理科の学習でも新聞作りをします。季節の植物の観察、飼育小屋の動物たちのようす、教室の外には、子どもの興味をそそるものばかりです。大人には、学校の飼育小屋のうさぎ五匹の区別はむずかしいのですが、子どもたちは、その区別がしっかりつき、うさぎやにわとりを名前で呼びます。毛の色や大きさなど、特徴をしっかり認識しています。子どもたちの理科新聞の文例を紹介します。

①「うさぎのコマ（名前）は、右足をけがしています。だっこする時には、そっとだいてください。」

②「キャベツにちょうちょのたまごがありました。虫めがねで見つけました。」

③「うさぎのピー太は足が速いので、外に出るとつかまえるのが大変です。戸を開けないでください。」

①と②のように、クラスの理科新聞委員会の内容も具体的です。③の記事は、飼育委員会の新聞です。いずれの情報も、理科的にすぐれた目でとらえています。

それでは、実際に子どもたちが作った「水溶液」に関する理科新聞を見てみましょう。

理科新聞

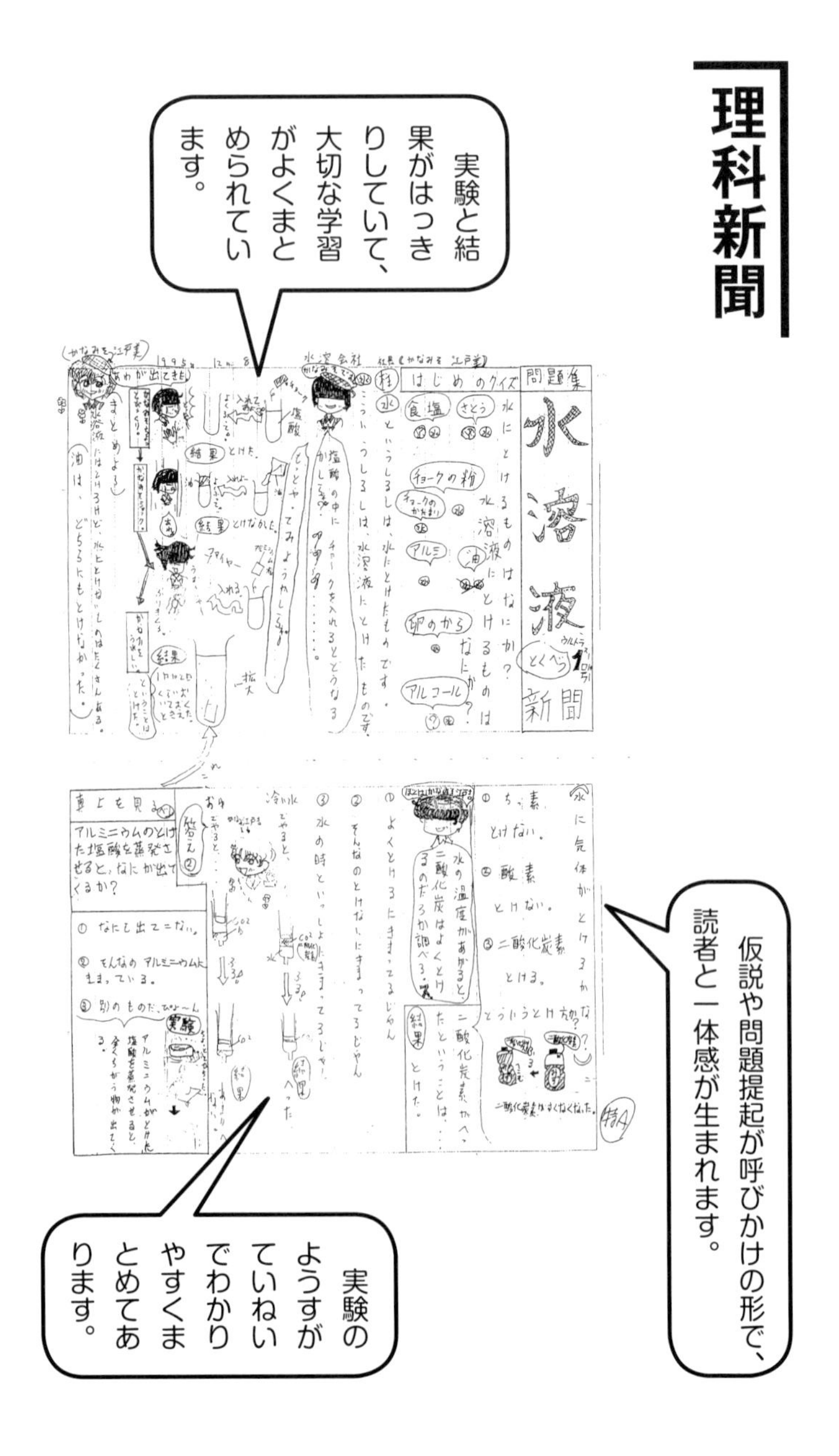
実験と結果がはっきりしていて、大切な学習がよくまとめられています。
仮説や問題提起が呼びかけの形で、読者と一体感が生まれます。
実験のようすがていねいでわかりやすくまとめてあります。
問題集
水溶液新聞
とくべつ1号
はじめのクイズ
水にとけるものはなにか？
水溶液にとけるものはなにか？
食塩
さとう
チョークの粉
アルミ
油
卵のから
アルコール
こういうしるしは、水にとけたものです。
こういうしるしは、水溶液にとけたものです。
塩酸の中にチョークを入れるとどうなる
結果
まとめよう
水溶液は、とけるけど、水にとけないのはたくさんある。
油は、どちらにもとけなかった。
水に気体がとけるか
① ちっ素 とけない。
② 酸素 とけない。
③ 二酸化炭素 とける。
水の温度があがると二酸化炭素はよくとけるのだろうか調べる。
結果 とけた。
二酸化炭素がへったということは…
① よくとけるにきまってるじゃん
② そんなのとけないにきまってるじゃん
③ 水の時といっしょにきまってるじゃん
頭上を見よ
アルミニウムのとけた塩酸を蒸発させると、なにか出てくるか？
① なにも出てこない。
② もんなの アルミニウムにきまっている。
③ 別のものだ、ぴんぽーん
実験
アルミニウムがとけた塩酸を蒸発させると、全くちがう物が出てくる。
答え③

一字題一行詩で短作文を書く

学校では、作文や詩を書きます。

ほとんどの文集に詩のページがあります。

ところが、詩は、作文よりさらに指導のポイントがはっきりせず、ほとんど指導されていません。

子どもたちは、何をどうやって書けばいいか、わからないのです。

詩には詩情があることが大切ですが、こんな高尚なことは、大人にもむずかしいことです。

そこで、指導法が大切になります。

詩をつくるには、リフレイン・比喩・倒置法などの学習も大切ですが、短く言葉を選び出すと、詩らしくなってきます。

いろいろな技法（レトリック）はさておき、短く書く練習をしましょう。

短く言葉を選び出すと、詩らしくなります。

そのために「一字題の一行詩」がおすすめです。

一字題の詩の作り方

① 一字で意味のよくわかる漢字を選びます。
② 子どもたちに気に入っている漢字を選び出させます。「空」「海」「雲」などを選ぶ子もいれば、「金」「石」「鉄」などを選ぶ子もいます。
③ 選んだ漢字一字から思い浮かぶ一行の文を作らせます。これで立派な詩になります。

（例）

空　果てしなく続く
海　波の子守歌

問題13（右の例にならって答えてください）

「空」か「海」の漢字に関係のある一行詩を書いてください。

解答・解説

例を参考に一行書けましたか。

「空」「海」の文字を選んだ子供たちの作品を紹介します。

一字から、どんなことを想像し、どんなイメージを持つか、そしてどう表現するか。まったく自由なのです。

空や海を「青い」と感じた子も、「青い」という言葉を使って、表現いろいろ。だから、すてきなのです。

「空」の一行詩

空・どこまでも続く青い空

空・見ていると吸い込まれそうになる

空・青いペンキをこぼしたみたい

空・広く、青く澄んでいる

空・ぼくたちを見守ってくれている

「海」の一行詩

海・命を生み出す
海・青く、深く、静か
海・風といっしょに音を立てる
海・砂浜と仲良し

前述の五人の「空」の一行詩を続けて読んでみてください。「詩」になっています。

次ページに、「空」の一行詩を、クラスの中で似ている雰囲気で書いた五人のものを並べてみました。

かわいい詩になってします。

詩は、一行が集まったものです。

空

太陽と仲良し
星とおしゃべり
雲が追いかけっこ
虹の橋がかかる
七色の虹がかかる

Check！

子どもたちより上手な一行詩ができた人は○を、下手だと思う人は×を、左の欄に書きましょう。

子どもが好きな字には、「春」「夏」「秋」「冬」「友」「歌」「心」「鏡」などがあります。別の漢字を思い浮かべて練習してみてください。すてきな詩がすぐにできます。

問題 14（感性をとぎすまして答えてください）

漢字を一字選び出し、一行詩を書いてみましょう。

漢字〔　　　〕

一行詩〔　　　　　　　　　　〕

解答・解説

六年生のクラス全員の一字題一行詩を紹介します。

「詩を書いてもらいます。」

というと嫌がる子どもも、この一行詩はとても喜んで挑戦します。考える視点がぐっと絞られ、一つの文字をめぐって、子どもたちは、自分の持つ語彙の中から必死で選び出す作業にとりかかるのです。

一字題一行詩は、言葉選びを遊びのように楽しく学習し、そして、「詩」を書く基本を身につけるのです。

ユーモアがあったり、人生論のようであったり、決意表明であったり、どれもすてきな出来栄えです。

どの子もこんなにすてきな心の世界を持っており、表現できるものなのです。

同じ漢字を使って、一行詩を競って書いてみてください。語彙も豊富になります。

春・「さようなら」と「こんにちは」の季節

春・桜が咲いて、心晴れ晴れ中学へ

春・動物が冬眠から覚める時

春・やさしい風が桜を運ぶ

風・夏はいいやつ　冬は嫌なやつ

冬・こたつでみかん

日・一日を大切に生きていきたい

光・人々が抱く希望

光・必要なのは闇に差し込む光

虫・はかない命

鏡・自分の心がうつる

雲・自然が作った大きなわたあめ

山・空気がきれいだ　やまびこ響く

本・読めば読むほど知識人になれる

時・ゆるやかな川もあれば　滝もある

時・決してもどらない

時・アッという間に
　過ぎ去っていく

花・風にゆれながら
　楽しそうに笑っている

花・どんなにきれいな花でも
　いつかは枯れる

水・生きるための必需品

夏・セミの鳴き声とともに食べるアイスの味　格別だ

馬・きめる笑顔は千両役者　ヨッ暴れん坊将軍

秋・落ち葉を焼いて　焼きいもだ

夢・生きていく希望の源

友・そばにいると心強くなる　一生忘れない人

心・青空のようにどこまでも澄んでいるもの

心・温かいのや冷たいのといろいろある

命・二つあったらいいな

風・いろんな季節をめぐっている

鏡・もう一つの神秘の世界

冬・寒い　とても寒い　そしてぼくも寒い

歌・みんなの心が一つになる時

口・言い訳をする機械

天・すべてのものをつくった神

無・何もありゃせん

夜・輝く星が
　ちりばめられている

星・無数に広がる
　希望のかけら

草・切っても踏んでも　また生えてくる

光・命の源

家・家族がいる場所

Check !

子どもたちより上手な一行詩ができた人は○を、下手だと思う人は×を、左の欄に書きましょう。

4 基礎基本を身につける作文スキル

次の問題は、十年以上前の慶応義塾中学の入試問題です。

作文用紙二百字分に子どもの作文が印刷されています。

その左側に、サラの原稿用紙があります。

そして、問題は、次の通りです。

> 文を原稿用紙に写しなさい。

つまり、右の文を左の原稿用紙にそっくりそのまま写せばいいのです。

これが、全国でも最難関の慶応の入試問題だったのです。

この問題なら、だれもができるはずです。

しかし、全員が満点だったとは思えません。

入試問題としての意味・見識があったのだと思います。

この問題は数年続けられました。

慶応を受験するような、各学校でトップクラスの秀才でさえ、この問題でつまずいているはずなのです。

ポイント　原稿用紙の使い方を完全マスターする

作文教育は、二つの柱から成り立ちます。

① 書きたいことをいっぱい書かせる。
② 基本的な技能を身につけさせる。

①の「書きたいことをいっぱい書かせる。」ことは、「なんでもいいから書きなさい。」ではなく、テーマを検討し、子どもたちが書きたくなるものを追求していかなければなりません。

「うその日記」
「なりきり作文」
「イラスト作文」

などがこれにあたります。

楽しい授業の作文も、書きたくなる題材です。

分析批評の評論文は、これにあたります。
頭も文章力も鍛えた子どもたちの評論文は、読みごたえのあるものとなります。

②は、本来は授業中にきちんと教えられることです。
しかし、身についていない子も多くいます。
そこで、②をとりあげ、基本的な技能を身につける練習をしていきましょう。
ここは、鉛筆を持って、実践で基礎力をきちんとつけていってください。

書き出しをきちんと身につけることが大切です。
次の文で練習してみましょう。

問題15（鉛筆を用意して答えてください）

川端康成の代表作の『雪国』の有名な書き出しです。
この名文の書き出しを左の原稿用紙に書きましょう。

> 国境の長いトンネルを抜けると雪国であった。
> 夜の底が白くなった。信号所に汽車が止まった。

解答・解説

答え

国境の長いトンネルを抜けると雪国であった。夜の底が白くなった。信号所に汽車が止まった。

書き出しや段落は一字下げて書き出すことができていますか?

『雪国』の書き出しは、大変有名です。子どもたちにも、書き写させたり、暗唱させたりします。近年は、じっくり文学作品を読む子が減っています。有名な文学作品をとりあげ、冒頭を書き写させることは、文学に触れるよい機会となります。書き写すだけで、作品の表現を味わい、原稿用紙の使い方もおぼえていきます。また、文学作品の書き出しは、作者が知恵を絞った部分ですので、文章の練習にもなります。「動きのある文」がいいといわれています。

次に、**句読点**について練習しましょう。

問題 16 （鉛筆を用意して答えてください）

志賀直哉の代表作『暗夜行路』の冒頭です。
この文章に**読点**「、」を四つ、**句点**「。」を二つつけ、左の原稿用紙に書きなおしましょう。

私が自分に祖父がある事を知ったのは私の母が産後の病気で死にその後ふた月ほどたって不意に祖父が私の前に現れて来たその時であった私の六つの時であった

解答・解説

答え

私が自分に祖父がある事を知ったのは、私の母が産後の病気で死に、その後ふた月ほどたって、不意に祖父が私の前に現れて来た、その時であった。私の六つの時であった。

文学作品は、作者の文体が色濃くあり、原稿用紙の書き方の基本型を学ぶには少し不向きですが、それ以上のいい点があります。この作品の長い一文を区切るのは、主述の関係をみるとよいでしょう。

読点の打ち方は、さまざまです。打ち方が違うと、意味が違う場合もでてきます。

- **句点**「。」…文の終わりに打ちます。
- **読点**「、」…文中の意味の切れ目に打ちます。

かぎかっこ「　」は、人の話や言葉を引用する場合、とくに強調したい言葉を示す時に使います。

会話の文は、行を変えて書きます。

かぎかっこの使い方に慣れるのも大切です。

問題 17 （鉛筆を用意して答えてください）

次の文を正しく、原稿用紙に書きなおしましょう。

父は、苦手な作文を書いていたが、「できたぞ。」と、突然大声をあげた。
作文の題名は、「父親学」だそうだ。

★ステップアップ情報★

読点は、次のような時につけます。

●説明される言葉の後
本があるか確かめてから、学校に行った。
●接続詞の後
●主語を文の中ほどに出す時の前
「私よ。」と、姉がいった。
●二文を一つにつないだ時の、初めの文の後
漢字が読めなかったので、辞書で調べた。
●数字をわける時
●驚き・呼びかけ、返事などの後
まあ、知らなかったわ。
●並列に言葉を並べる時
あの方は、頭もよいし、スタイルもよいし、おまけにお金持ちだった。

解答・解説

答え

父は、苦手な作文を書いていたが、

「できたぞ。」

と、突然大声をあげた。

作文の題名は、「父親学」だそうだ。


かぎかっこが二回使われています。できていたら、（　）に○をつけましょう。


（　）会話文が行変えできた。

（　）題名は、そのまま地の文に続けて書けた。

（　）かぎは、それぞれ一マスにいれた。


会話文は小学二年で学習します。かぎかっこ「　」の表記も学習しますが、なかなか定着しません。タイトルや強調の使い方は、授業で出てくるくり返しの中で学習します。会話文の行変え程度は、低学年のうちに定着させたいものです。

表記の法則を完全マスターする（その1）

間違えやすい表記の問題をとり上げ、マスターしていきましょう。

文の終わりの言い方には、**文体**（**常体・敬体**）があります。一つの文章では、はじめから、終わりまで、同じ文体で書きます。

ていねいな書き方と普通の書き方が混じるのは、コーヒーに塩を混ぜるくらいのミスマッチです。この一つだけで「文章の力はダメ」と判断されるくらい大切なことです。

文末に注意して、問題にとり組みましょう。

問題18（鉛筆を用意して答えてください）

常体の文を敬体に、敬体の文を常体になおしましょう。

①　母の好きな花は、コスモスだそうだ。　⬇（　　　　）

②　明日は、晴れるでしょう。　⬇（　　　　）

解答・解説

答え

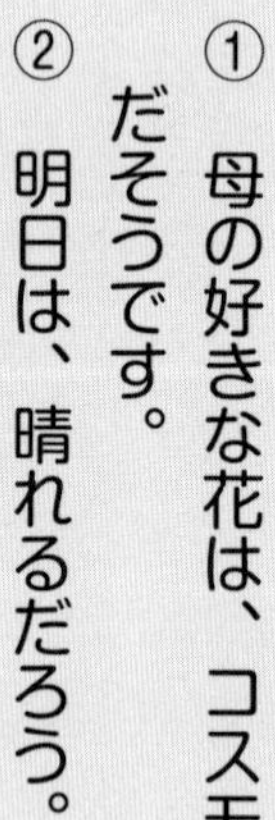

① 母の好きな花は、コスモスだそうです。

② 明日は、晴れるだろう。

●普通の書き方を常体といいます。

文の終わりが、「…だ。」「…である。」などになります。

●ていねいな書き方を敬体といいます。

文の終わりが、「…です。」「…ます。」などになります。

小学校でも、文体（常体・敬体）は、くり返し学習しますが、なかなか定着できません。数年はかかります。子どもに限らず、大人の場合もできていない人はたくさんいます。

改行と**段落わけ**も文章を書く上で大切な技能です。段落は、文章の大きな切れ目のことです。段落は、改行し、一字下げて書き出します。段落は、次のような時にわけます。

・時刻や場面を変える時に段落を起こします。
・立場や、目的、見方を変える時に段落を起こします。
・新しい考えやことがらにうつる時に段落を起こします。

段落にわけることも、中学年以降なら必要になります。
次の文で練習しましょう。

問題 19 （鉛筆を用意して答えてください）

次の文章を二つの段落にわけ、原稿用紙に書きなおしましょう。

花壇には、色とりどりのチューリップが咲き誇っていた。どれも、肩を寄せ合うように楽しそうに揺れている。見上げると、桜の木は、花びらを落とし、葉桜の準備にとりかかっている。

解答・解説

答え

花壇には、色とりどりのチューリップが咲き誇っていた。どれも、肩を寄せ合うように楽しそうに揺れている。

見上げると、桜の木は、花びらを落とし、葉桜の準備にとりかかっている。

書きはじめを、一字下げることができましたか？

改行する時には、一字下げます。あたり前のことのようですが、くり返し練習して身につくものです。

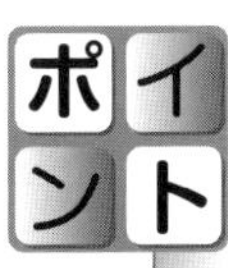

表記の法則を完全マスターする（その2）

いくつかの基礎的なことを知っていれば、文を生き生きと書くことができます。
事実と意見をごちゃまぜにする子どもがいます。
企業でも、「事実」と「自分の意見」をわけて報告せよと教えているそうですが、
これは、小学校で習うことなのです。

問題 20（鉛筆を用意して答えてください）

下の絵にかかれている事実を一文で書きなさい。
また、あなたの意見を一文で書きなさい。

解答・解説

答え

（解答例）

女の子がピアノを弾いている。もうすぐ、発表会があるのだろう。

この解答例では、最初の一文が事実、次の一文が自分の意見にあたります。

表現の技法に、**比喩表現**があります。
物やようすなどを別の言葉でたとえることを比喩といいます。
わかりやすく、イメージとして伝える時に使います。

問題 21 （鉛筆を用意して答えてください）

「○○のような○○」という言葉をつくる練習です。
例にならって、（　　　　）の中に言葉を入れましょう。

例　もみじのような手

①（　　　　　　　　）のようないびき

②（　　　　　　　　）のような顔

解答・解説

答え

（解答例）

①
ライオンのようないびき
サイレンのようないびき

②
悪魔のような顔
鬼のような顔
仏様のような顔

右の答えはすべて解答例です。
書けていればよいのです。

しゃれた「たとえ」は、文や会話を知的にします。

問題22（感性をとぎすまして答えてください）

例にならって、次の言葉を何かにたとえて書きましょう。

例　「サメ」
それは、海の殺し屋だ。

①「とけい」
それは、（　　　　　　　　　　）

②「本」
それは、（　　　　　　　　　　）

解答・解説

答え

（解答例）

①「とけい」それは、ぼくを動かす管理人だ。

②「本」それは、情報の泉だ。

自分なりの答え方ができていればよいのです。

書けない人は、何を見ても、比喩で表現する訓練をしましょう。

言語力も創造力も広がります。

★ステップアップ情報★

小学校高学年に、ラブレターの書き方を練習させた先生がいます。

ラブレターは比喩の大パレードです。

●比喩を使ったラブレター

あなたは、私の太陽です。あなたを見ているだけで、体はポカポカ、ホッカイロのようになります。あなたのやさしい声はオルゴールのよう、大きなひとみはビー玉より美しく、かわいいくちびるは、イチゴのようです。色白なあなたのたくましい足は、大根のようです。

（六年男子）

これは、男子の方が比較にならないほど、女子より上手です。

はじめはてれていたのですが、次々、楽しいラブレターが書けました。（実用は無理かな？）

人間でないものを、人間のように扱って書くことを**擬人法**といいます。

たとえば、「小鳥が歌っている。」「空が泣いている。」などということがよくあります。「歌う」「泣く」という動作は、人間に対して使われる表現です。それを、動物や自然の動作として、表現しています。

「小鳥が歌っている。」は、「小鳥が鳴く」とは違う美しさを表現できます。

「空が泣いている。」は、「雨が降る。」より、悲しげです。


他の表現法として、言葉の順序を置きかえて書くことがあります。書くことがらを強調したい時に使います。

たとえば、「お使いにいって来てちょうだい。」を「いって来てほしい」ことを強調すると、「いってきてちょうだい。お使いに。」となります。「こわしちゃ、だめでしょ。」の文も、おこる時には、「だめでしょ。こわしちゃ。」となります。

このような技法を**倒置法**といいます。心の動きを表現する時にも有効です。

また、**体言止め**という表現法もあります。

文の終わりを名詞（体言）で終え、余韻を残したり、強調したりします。

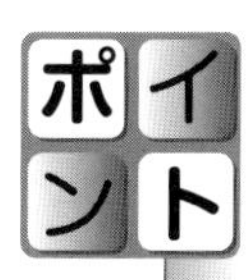

視写と暗唱で、作文が上達する

名文を写すことは、それだけで作文上達のすぐれた練習方法です。

原稿用紙の使い方も、これまで説明してきたそれぞれの作文技術も書き写すうちに自然に身につくのです。

小学校の教材に『うつしまるくん』（光村教育図書）というすぐれた視写教材があります。物語文、説明文をはじめとし、名文・名句を写すことによって、確かな作文力、国語力を育てる教材です。

いろいろな種類の文体に触れ、表記に触れ、「写す」というもっとも単純な作業で力をつけていくのです。

教育交流で中国に行った時、上海の学校で、絵や習字の時間に、「まねる」という学習方法をとっていました。

上海では、英語、コンピュータ教育は、想像を越えるほど進んでいます。

反面、こうした形で、基礎基本をしっかり身につけさせていることを感じました。

名文の暗唱は、もっともすぐれた作文の練習方法です。

クラスで一、二といわれる作文上手の子は、親や兄弟から名文について教えられているものです。

名文の暗唱は、理屈ではありません。

多く読んで、おぼえるのです。

教えられなくとも、どこかで耳にしています。

たとえば、百人一首です。小さいうちに触れさせたいものです。

私たちの研究団体は、小学校一年生から百人一首ゲームをします。百枚やると時間がかかるので、二十枚ずつに色わけした、「五色百人一首」をつくっておこないます。これだと、一試合、五分くらいですみます。

子どもたちは、百人一首が大好きです。小学校のうちに、百人一首をやっていると、中学校の古文の学習に役立ちます。また、中学は、「百人一首大会」がある学校が多く、小学校でやっていた子は、断トツの勝利を手に入れます。

名文を写し、暗唱することは、作文上達の上で大変効果的な方法なのです。

問題23 （声にだしてください）

次の名文を写し、暗唱しましょう。

春はあけぼの。やうやうしろくなりゆく山ぎは、すこしあかりて、紫だちたる雲のほそくたなびきたる。（『枕草子』　清少納言）

祇園精舎（ぎおんしゃうじゃ）の鐘の声、諸行無常（しょぎゃうむじゃう）の響（ひびき）あり。沙羅双樹（しゃらさうじゅ）の花の色、盛者必衰（じゃうしゃひっすい）の理（ことわり）をあらはす。おごれる人も久しからず、唯（ただ）春の夜の夢のごとし。（『平家物語』）

5 テストの点がミルミルアップする国語答案の書き方

テストの採点をしていて、「惜しい！　でも、マルをつけるわけにはいかない。」ということがよくあります。

特に、国語科においては、ちょっとした助詞の使い方で、意味合いがずれることがあり、たった一字のことで、バツをつけなくてはならないことが多くあります。

たとえば、読解問題では、問いに対応していないため、バツになったり、減点されたりするのです。

国語科のテストで満点をとるためには、コツがあるのです。

教育雑誌『教室ツーウェイ』誌に掲載された遠藤真理子氏の分析によると、小学校国語科テスト問題文のパターンは、二十の型に分類できるそうです。（中学でもこれが基本です。）

ここでは、その中から、出題頻度の高いものに絞って、国語科答案の書き方を示します。

ぜひ、子どもに提案してみてください。

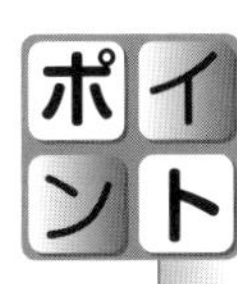

問題に対応した答え方を知る

では、まず、実際に六年生が使っている教科書の中の文章を抜粋して、それに関する問題を解いてみましょう。

左の問題文を読んで、問題24から問題27までを解いてください。

> 千枝子は、この石うすの歌が大好きでした。大好きになる前は、大きらいだったのです。なぜかといえば、石うすのゴロゴロという音は、いかにもたいくつで、すぐねむたくなるからでした。（『石うすの歌』　壺井　栄　作　光村図書出版　六年上）

問題24（実際に小学校六年生になったつもりで答えてください）

だれが、石うすの歌が大好きなのですか。

（　　　　　　　　）

解答・解説

答え

千枝子

簡単な問題なのですが、子どもたちの答案は、（千枝子）だけではありません。クラスの三分の一は、これに余分な言葉がついています。

（千枝子は、この石うすの歌が大好きでした。）

（千枝子は、石うすの歌が大好きでした。）

（千枝子は、大好きでした。）

のように、問題文に揺りまわされているのです。

長く書かないと安心しない子どももがいます。

だれがときかれたら（千枝子）とだけ書けばよいのです。

それ以外は、減点か、誤答扱いになります。

もっとも、余分に言葉が入っている答案でも丸をつける教師もいることでしょう。

しかし、だいたいあっているからといって、正解にしては、国語力は高まらないのです。

問題が要求することと答えの書き方の対応をきちんと教えなければなりません。

『石うすの歌』の問題文について、続けて解いてください。

問題 25 （小学校六年生になったつもりで答えてください）

なぜ、大きらいだったのですか。
それがわかる一文を書き抜きなさい。

解答・解説

答え

なぜかといえば、石うすのゴロゴロという音は、いかにもたいくつで、すぐねむたくなるからでした。

「一文を書き抜きなさい。」という問題では、忠実に書き抜くことです。

これは、やさしい問題ですが、

「**一文**」と「**書き抜く**」

の二つのポイントがあります。

この問題で正解する子どもは、半数もいません。「一文」ではなく、勝手に変化させてしまっているのです。

（石うすのゴロゴロという音は、いかにもたいくつで、すぐねむたくなるからでした。）

➡「なぜかといえば」などを書いていない。

（いかにもたいくつで、すぐねむたくなるからでした。）

➡前半の部分をすべてカットしている。

（すぐねむたくなるからでした。）

➡ほとんどカットしている。

一文についての課題を勝手に判断し、「大きらい」に対応する箇所をひき抜いているのです。

こうした子どもは、本当は理解力があるのです。が、答え方を指導されていないため、満点がとれないのです。

一文といったら、長くても、短くても一文なのです。

また、「書き抜きなさい。」とは、そのまそっくり書くことですが、勝手な判断がくわわります。

たとえば、

（ゴロゴロ）➡（ごろごろ）とする、

（音）⬇（おと）にする、
つまりカタカナをひらがなになおしたり、漢字をひらがなに変えてしまうのです。

カタカナをひらがなに、漢字をひらがなに変えてしまっては、誤答です。

「書き抜きなさい。」の指示には、「そっくり、そのまま」の問題要求があるのです。

「書き抜きなさい。」は「一字も変えずに書く」のです。

「、」「。」に至っても、まったく変えてはいけません。

「、」が抜けてもバツです。

「、」や「。」を抜かしたために十点を損する子どもはいくらでもいます。

子どもは、この知識さえあれば、注意深く問題にとり組みます。つまらないところでの減点もなくなります。

『石うすの歌』の問題文について、続けて解いてください。

問題 26（実際に小学校六年生になったつもりで答えてください）

なぜ、大きらいだったのですか。

解答・解説

答え

石うすのゴロゴロという音は、いかにもたいくつで、すぐねむたくなるから。

問題25（書き抜き問題）と同様にみえる問題ですが、問題パターンからみるとまったく違う問いなのです。問題25は、忠実に一文を書き写させることを目的としていますが、問題26は、「なぜ」に対応した答え方ができているかが大切になります。

問題25は「そっくりそのまま写す」、問題26は「なぜ」ときいているので、（〜だから）と答えるわけです。

「なぜ」と聞かれたら（〜だから）（〜ので）（〜ため）と答えの文末につけるといいのです。

この問題文は、ちょうど、「〜から」の文末表現がついているため、とても答えやすくなっています。

問題文の字句をなるべく忠実に生かしながら、「なぜ」と対応させて「〜だから」と答えなくてはいけません。

「なぜ」ときかれたら「〜だから」「〜ので」「〜のため」と答えるのです。

『石うすの歌』の問題文について、続けて解いてください。

問題 27（実際に小学校六年生になったつもりで答えてください）

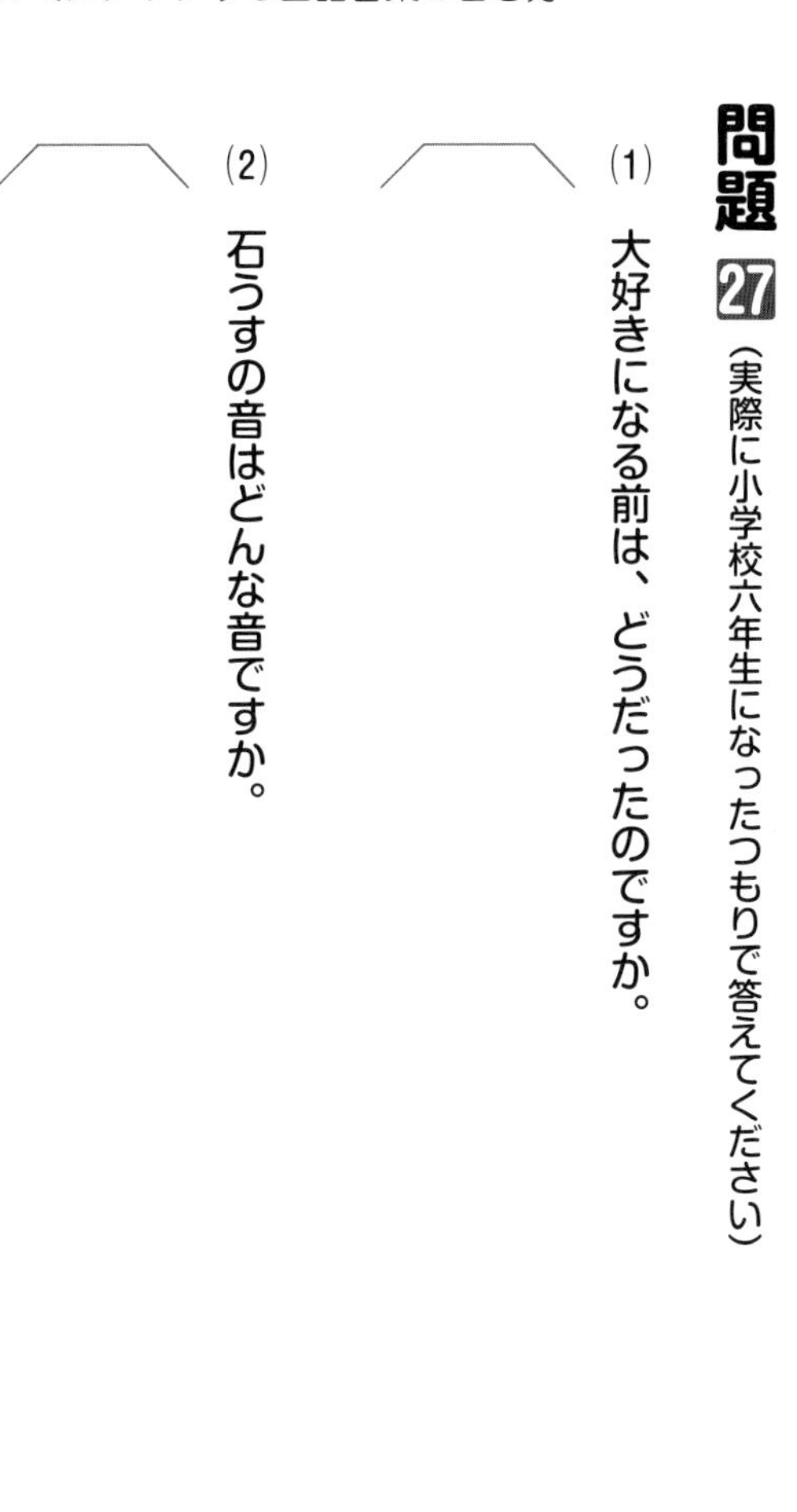

(1) 大好きになる前は、どうだったのですか。

(2) 石うすの音はどんな音ですか。

解答・解説

答え

(1) 大きらいだった。
(2) ゴロゴロという音

(1)の解説

「どうだった」の問いには、（〜だった）と答えればよいのです。

（大好きになる前は、大きらいだったのです。）と長々と答えず、大きらいだったの部分をひっぱり出すのです。

(2)の解説

「音」をきかれているのですから、（〜の音）と答えればよいのです。

問題と対応する答え方をするわけです。

こういうことは、たくさんあります。

たとえば、「何年のことですか」ときかれたら（〇年）と答えればいいわけです。

『石うすの歌』についての解答・解説で示してきたことをふり返って、次の問題を解きましょう。

問題 28 (実際に小学校六年生になったつもりで答えてください)

次の文章を読んで、答えなさい。

つぶつぶあわが流れていきます。かにの子供らも、ぽつぽつと、続けて五、六つぶあわをはきました。それは、ゆれながら水銀のように光って、ななめに上の方へ上っていきました。

(『やまなし』宮沢賢治 作　光村図書出版　六年下)

(1) あわをはいたのは、だれですか。 (　　　)

(2) 「それは」の「それ」は何をさしますか。 (　　　)

(3) 光っているようすを何にたとえていますか。 (　　　)

解答・解説

答え

(1) かにの子供ら
(2) あわ
(3) 水銀

(1)の解説

子どもたちの答えの間違いは、（かにの子供）（かにの子供らも）などが多くみられます。一文字が、マルバツをわけてしまうのです。

「ら」は複数をあらわすのですから、入っているのとないのではまったく違います。「ら」は入れなければなりません。（かにの子供らも）も、「も」一字で問題と対応しなくなってしまいます。「も」は入れてはいけません。

子どもたちの間違いの傾向がわかってきましたか。

子どもたちは、文章の読解の力を持っていても、答え方を知らないため、満点がとれないのです。

(2)の解説

問いが、このように、「何」「だれ」「どこ」の場合は、名詞（名詞止め）で答えなくてはいけません。

「それ」のかわりに「あわ」を入れてみ

て、文章が正しいかどうか確かめさせるといいと思います。

「それ＝［あわ］はゆれながら…」

(3)の解説

「何にたとえていますか。」でも、（水銀）と答えなくてはいけません。「どのように光っていますか。」の問いには、（水銀のように）と答えます。

問いの仕方によって、（水銀）（水銀のように）の答え方が違ってくるのです。子どもたちにとって、ここの答えわけがむずかしいようです。

「漢字二字」のように字数指定は、答えのヒントになります。

★ステップアップ情報★

字数指定には、「何字で」「何字以内で」などがあります。

「何字で」の場合は、その字数で答えなくてはいけません。マスの解答欄になっている場合があります。

「何字以内で」の字数制限のある場合は、できる限り指定の字数に近づけることが、答え方の秘訣です。

いずれも、「、」「。」は、字数に入ります。

国語科テストで点を上げるには、問いに対応した答えを書くことです。

あとがき

小学校の教師になることが、私の夢でした。

夢が叶い、長い間、教師を続けてきました。

本書の編者向山洋一氏との出会いは、それまでの教師観をひっくり返しました。作文指導一つとっても、長い教師生活で学べなかったことを、目も覚めるほどの明確な方法で示されたからです。

本書に書かれたほとんどすべての指導法は、向山洋一氏から学び、教室で実践してきた指導方法です。

作文の苦手だった子が、スラスラと原稿用紙に何枚も書き、笑顔で報告に来たこともありました。なりきり作文の指導の時には、教室がシーンとなり、子どもたちが鉛筆を動かしていました。保護者の視点からの授業参観の作文は、子どもたちが、親の気持ちを理解していて、思わず笑ってしまいました。

教師が、行事作文の題材だけを示し「さあ、よく思い出して書きましょう。」と言う場面をよく目にします。教師は、学ばなければなりません。指導には、技術が必要であり、

教師の技量が、子どもの学びを大きく左右するのです。
作文は、学校で教えますが、保護者の方々も、この本に書かれた内容を知っていれば、お子さんへのアドバイスも変わってくることでしょう。
本書は、お子さんと一緒に、問題を考えながら、読み進めてくださっても、作文を書く上で、きっとお役に立つことと思います。
教師の方は、是非、作文の時間に取り入れて実践してみてください。お子さんたちの作文が生き生きと見違えることと思います。

私は退職して、株式会社騒人社で本づくりをしています。現職の時から、向山洋一氏のご指導を頂きながら、本を出版してきました。この度、自分の本を、騒人社から出版でき、本当に幸せです。

作文が必ず上手になる本です。是非ご活用下さい。

師尾喜代子

【編者紹介】
向山洋一（むこうやまよういち）
東京都出身。東京学芸大学社会科卒業。東京都大田区の公立小学校教師となる。日本教育技術学会会長。NHK「クイズ面白ゼミナール」教科書問題作成委員、千葉大学非常勤講師、上海師範大学客員教授などの経歴をもつ。退職後は、TOSS（Teacher's Organization of Skill Sharing）の運営に力を注いでいる。モンスターペアレント、黄金の3日間、チャレンジランキング、ジュニアボランティア教育など、教育にかかわる用語を多く考案・提唱している。著書多数。

【筆者紹介】
師尾喜代子（もろおきよこ）
静岡県磐田市出身。青山学院大学卒業。東京都世田谷区、大田区の小学校教師となり定年まで勤めた。現職中に「子どもがじっと耳を傾ける魔法のおはなし」(PHP)、「この目で見た向山実践」女教師ツーウェイ編集長（明治図書）他著書多数、退職後、株式会社騒人社の代表取締役社長。絵本「ワーキングメモリをきたえるアタマげんきどこどこ」（全10巻）「そのまま保護者会資料」など出版。認知症予防脳トレ士としても活動。

【編集協力】
国友靖夫　田中浩幸　斎藤俊浩　佐藤あかね　久保田昭彦　中田駿吾
原成美　齋野航也　中濱麻美　白石和子　笠井美香

TOSS KIDS SCHOOL　家庭教育シリーズ4
親子と教師のための作文教室
「学校で書く作文はこれでバッチリ！」

2019年 3月 28日　第1版第1刷発行

編　　者　　向山　洋一
著　　者　　師尾　喜代子
イラスト　　柴崎　昌紀
装丁デザイン　株式会社グローブグラフィック
発 行 者　　師尾喜代子
発 行 所　　株式会社　騒人社
〒142-0054　東京都品川区西中延3-14-2 第2TOSSビル
TEL 03-5751-7662　　FAX 03-5751-7663
会 社 HP　　http://soujin-sha.com/
本文レイアウト・印刷製本　株式会社双文社印刷

ISBN978-4-88290-083-2